DER MOBILÉE-EFFEKT

die kraft schöpferischer poesie

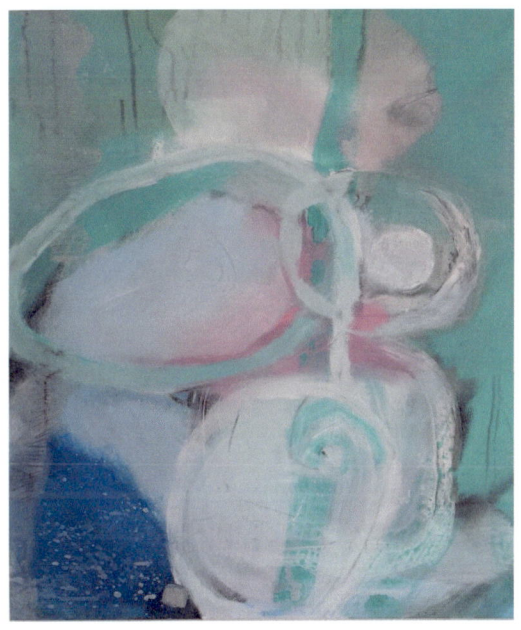

noa straumann

IMPRESSUM

Bibliografische Information der Deutschen Nationalbibliothek:
Die Deutsche Nationalbibliothek verzeichnet diese Publikati-
on in der Deutschen Nationalbibliografie; detaillierte bibliografische Daten sind im Internet über http://dnb.dnb.de ab-
rufbar.

© 2016 noa straumann
Herstellung und Verlag:
BoD - Books on Demand, Norderstedt

Illustration: noa straumann

mobilée-leben
ein windhauch bloss
eine fingerspitzenberührung
und du erfindest dich neu
in leichtigkeit

INHALT

der mobilée-effekt meint die kraft kleinster impulse, welche ein system in bewegung zu setzen und kaskaden befreiender entwicklungen auszulösen vermögen. nicht immer benötigt wandlung monumentale bemühungen, manchmal reicht eine schmetterlingsleichte idee, ein lächeln und das ungenierte ignorieren scheinbar unumstösslicher regeln, um sich und das leben in einem neuen licht zu sehen.

dieses buch inspiriert DEIN system, dein denken, fühlen, handeln. es eröffnet deinem unterbewusstsein mittels bildhafter und dadurch hypnotherapeutischer ideen-sämlingen, die du nach belieben applizieren kannst, die türen zu erweiternden betrachtungsweisen, reflektiert genussvoll alltägliches und dessen zauber und ermutigt dich, ein original zu sein - ein zärtliches, wildes, waches, magisches, schöpferisches wesen.

sei bereit, neugierig die dir eigene kraft und weisheit zu erkunden und die vielfalt deiner talente, besonderheiten und facetten wertzuschätzen und zu geniessen.

(die texte sind in weiblicher form gehalten, dürfen jedoch auch gerne die animas unserer männer inspirieren)

PERSÖNLICH

noa straumann ist diplomierte pädagogin, feng shui berate-
rin, emotrance master und hypnose-coach, zudem ausgebil-
det in schamanismus, energetischen heilweisen und chiro-
logie. sie tanzt, malt und schreibt gerne.

noa straumann inspiriert in ihrem "atelier für leichtigkeit"
menschen, ihren eigenen wurzeln und flügeln wieder zu
vertrauen

www.noa.io

1. DAS JETZT

das jetzt ist deine bühne
dein atelier
deine schatzkammer
dein üppiger garten
dein labyrinth der abenteuer
der perfekte ort und zeitpunkt
das ganze zu fühlen
und in empfang zu nehmen
der ideale moment
dich auf den weg zu machen
zu dir
um zu entdecken
dass du nie woanders gewesen bist

2. HOHEITSGEBIET

vom scheitel bis zur sohle
breitet sich dein hoheitsgebiet aus
das es zu durchatmen gilt
auf deine persönliche weise
mal zart und fein
mal intensiv und dynamisch
giesse dich aus mit deinem klang
durchströme dich mit deiner buntheit
und kröne dich mit dem Ja zu dir selbst

3. VERBORGENES

alle diese „zuwenigs"
die du vor dir und der welt verborgen
und dich dabei versteift und verbogen hast
wo mögen sie sein
fühle sie in deinem körper
als schmerz vielleicht
der nun zu flüssiger energie werden darf
und sich wege sucht
aus deinem system hinaus
um ins grosse ganze zurück zu rinnen
und dort eine neue bestimmung zu finden

4. BEFREIUNG

ordne an
alles
was nicht zu mir gehört
und nicht meinem höchsten dient
geht jetzt zurück zum absender
egal
wie lang
wie tief
wie raffiniert es sich
in mein system hinein praktiziert hat
jetzt verlässt es mich rückstandslos
und ich bin ab sofort heil und frei
pi pi eff (past, present, future)
ich spreche mich frei
so ist es

5. MOBILÉE-EFFEKT

ein windhauch bloss
ein kleiner fingerspitzenstupser
und das mobilée beginnt seinen zarten weiblichen tanz
die bewegung setzt sich fort und fort
durchbebt das ganze und ordnet es neu
in schwebender lebendigkeit
ein wort bloss
ein kleiner fingerspitzenstupser
und dein system beginnt einen zarten weiblichen tanz
die bewegung setzt sich fort und fort
durchbebt das ganze und ordnet es neu
in fliessender lebendigkeit

6. DIE KASKADEN-ENTWICKLUNG

wie winzig du doch begonnen hast
zwei zellen nur
und doch das ganze leben schon in dir
die weisheit kraft und bilder
des gesamten universums noch dazu
die sich dir seither offenbaren
mehr und mehr
tag für tag
wie winzig du doch begonnen hast
und warst doch stets
selbstverständlich
teil dieser majestätischen kaskade
die leben heisst

7. WOHLBEFINDEN

finde eine stelle in deinem körper
die pures wohlbefinden ist
und lade sie ein
sich auszudehnen
weiter und weiter
bis du von kopf bis fuss ein feld des wohlbefindens bist

finde eine stelle in deinem körper
die pure schönheit ist
lade sie ein
sich auszudehnen
weiter und weiter
bis du von kopf bis fuss ein feld der schönheit bist

finde eine stelle in deinem körper
die pure vitalität ist
lade sie ein
sich auszudehnen
weiter und weiter
bis du von kopf bis fuss ein feld der vitalität bist

8. DEIN WEG

wenn du gehst
schritt für schritt
erfühle
welches dein rhythmus
dein tempo
deine schrittlänge ist
so lange
bis du in deinem persönlichen lebenstanz-schritt
angekommen bist

9. REGELN

wieviele regeln hast du wohl
aus loyalität zu deiner spezies
als wahr übernommen
und deinen spielraum dadurch begrenzt
auf schmerzliche weise
dich in ketten gelegt und verleugnet
bist verstummt
erstarrt
zur nichtigkeit geschrumpft
an den tiefsten punkt gesunken
von welchem du dich jetzt erhebst
phoenix-gleich aufrichtest
indem du einer regel folgst
derjenigen der freude

10. STILLE

dieses nichts und niemand überzeugen wollen
nicht einmal sich selbst
kein argumentieren
lamentieren
lavieren
produzieren
erstreben
einfach stille
die allen lärm dieser welt in sich aufnimmt und heilt

11. WAGNIS

wirf alles in die waagschale des lebens
dein helles und dein dunkles
dein kraftvolles und dein zögerliches
dein geschmeidiges und dein stabiles
dein geheimes und dein offensichtliches
sei ganz da
als geschenk für dich
und die welt

12. GANZ DU

magst du gerne du sein
niemand sonst kann dies
vergleichbar leichtfüssig und beschwingt
kraftvoll und zärtlich
wild und facettenreich vollbringen
wie du

magst du gerne du sein
mal mit mal ohne maske
mal in dieser
mal in jener rolle
alles ausprobieren in kindlicher unschuld
und das leben in jedem moment neu entdecken

13. ANMUT

dieses gänzlich mit sich
und den eigenen bewegungen verbunden sein
dieses eins-sein mit dem aktuellen tun
sodass jede handlung
voll fliessendem einverständnis ist
mit dem denken und fühlen
mit der persönlichen hingabe und motivation
etwas
das uns oft abhanden kommt
wenn wir zu sehr auf das ziel
und die zeiteinhaltung fokussiert sind

14. PERFECTLY IMPERFECT

du bist so vollkommen
vollkommen dual
klug und begriffsstutzig
liebevoll und zickig
schön und zerknittert
erfolgreich und scheiternd
ewig und verglühend
vollkommen unvollkommen
und extrem lebendig

15. SELBSTHEILUNG

mit kirschblütenweissen lichthänden
berührst du hauchzart
liebevoll und ordnend
dankbar und freundschaftlich
deine organe und strukturen
und erinnerst sie ans heil-sein
und daran
dass über das ungewisse gewacht wird

16. ALCHEMIE

der prozess
welcher aus schwerem dunklem
etwas lichtes leuchtendes entstehen lässt
eine wandlungskraft
die wir alle in uns tragen
der wir uns mit aufmerksamkeit
und hingabe widmen
und letztendlich
das wunder der durchlichtung bezeugen können

17. EINS

wenn du und die welt eins wären
wie achtsam würdest du deine schritte setzen
auf dem weg durch dich selbst

18. FLIEGEN

flügge werden bedeutet wohl
das gemütliche nest der vertrauten meinungen
zu verlassen
sich ins unbekannte vorzuwagen
und das risiko einzugehen
sich neue gedanken zu erlauben

19. TAGEBUCH-SCHREIBEN

die ganz persönliche art des manifestierens
des künstlerischen gestaltens
ein akt der freundschaft
und des dialoges mit dir selbst
des klar-werdens
der dankbarkeit für das
was ist
des segnens dessen
was dein herz erfreut
damit es sich vermehren kann

20. IDEEN-SEE

wirf eine neue idee wie einen stein
in den see deiner bisherigen gedanken
und siehe
welche kreise du dadurch erzeugst

21. QUANTENTRANSFORMATION

schliesse deine augen
blicke innerlich in die lichte dunkelheit
und werde dir des unendlichen raumes gewahr
der dich erfüllt und umhüllt
es ist der schöpfungsraum des alles und nichts
taste mit beiden händen
in diesen raum hinein
fühle deine hände
beide
fühle den raum
innig
lege deine bitte
deinen wunsch
deinen traum
dein wesen
vertrauensvoll in dieses gewahrsein
und spüre die antwort der beteiligten kräfte
als energiewelle
die dich durchbraust

danke
danke dir und dem ganzen

22. BABUSCHKA

du bist geborgen
so
wie alles geborgen ist
das kleine im grossen
das grosse im unendlichen
hülle um hülle umgibt uns
wir können bloss von der einen in die andere fallen
vom vertrauten ins überraschende
vom bekannten ins erweiterte
von einer dimension in die nächste
also
wovor sollten wir uns fürchten
wenn wir nicht verloren gehen können
sondern uns einfach ständig wandeln

23. KALEIDOSKOP

und jetzt mit schwung
zum nächsten bild
nichts ist ewig
ausser der wandel
es purzelt ein moment
in den nächsten hinein
aus scherben wird ein regenbogen
und zurück

24. WEBEN

spinnst du
na klar
mit jedem gedanken
jedem wort
mit jeder handlung
und jeder emotion
und der kraft deiner fantasie
webst du ein schillerndes fädchen
in den prächtigen teppich des lebens

25. CHÖD

ihn anschauen
deinen schrecken
ihm einen namen geben
und eine gestalt
ihn fragen
was seine aufgabe ist
und wonach ihn hungert und dürstet
deinen schrecken
selbst zu seiner nahrung werden
und dich von ihm fressen lassen
deinem schrecken
und entdecken
wie er sich wandelt
und zu deinem freund wird
dein schrecken

26. ERLAUBNIS

erlaube dir zu denken
was du denkst
zu fühlen
was du fühlst
zu sein
wer du bist
zu tun
was dich mit frieden und freude erfüllt

27. VARIANTENREICHTUM

was ist
darf sein
darin
daneben
darunter
dahinter
darüber hinaus
existieren jedoch noch zusätzliche varianten
die deiner harren

28. ERLAUBNIS

mag sein
dass es ist wie immer
oder dass sich aus dem gewohnten heraus
mehr bewegung
mehr licht
mehr freude entfaltet
weil du es erlaubst
weil du es dir wert bist

29. MAGIE

mit den brosamen deines erworbenen wissens
hast du bislang die pfade markiert
die dich sicher durch den irrgarten des lebens
hätten führen sollen
abseits dieser trampelpfade hingegen
findest du die echte magie
die magie deines herzens
ein wagnis
und nur für abenteurerinnen

30. SCHMELZTIEGEL

wenn gefühl und denken verschmelzen
in deine begeisterung hinein
führen sie dich ins niemandsland der flexibilität
dorthin
wo regeln
muster und gewohnheiten
noch nicht geboren sind
dorthin
wo deine intuition
grenzen in flügel verwandelt

31. SALTOS

das leben ist unbeschreiblich
bunt
schräg
zufällig
voll verschmitztem humor
mit stolpersteinen
die dich zu saltos animieren
mitten hinein in die fülle

32. KINDERZEIT

kinder
das waren wir einmal
haben alles für möglich gehalten
waren weich geschmeidig neugierig verspielt
bevor wir vernünftig geworden sind und traumlos
lass uns heute die weissen segel setzen
und wieder einmal hinausfahren
zum mövenkonzert
zum delphin-grüssen
und jauchzen
aufs meer der möglichkeiten

33. IMMER RICHTIG

wohin auch immer du dich verirrst
du kommst stets irgendwo an
und lernst neue kontinente kennen

34. GEMEINSAMKEIT

unsere füsse stehen auf derselben erde
auch wenn wir unterschiedliche wege gehen

35. CHANCE

um himmels willen
du hast einen fehler gemacht
oder etwas nicht geschafft
was du unbedingt hättest schaffen sollen
und meinst jetzt
die welt gehe unter
tut sie aber nicht
sie lässt dir zeit zum üben
es nochmals und nochmals zu probieren
und anders
bis du es mit leichtigkeit schaffst
denn das wirst du

36. DU IN DIR

gib dir selbst mit brief und siegel
die niederlassungsbewilligung in deiner mitte

37. DAS BESTE

entscheide dich
moment um moment
dem leben und dir dein jeweils bestes zu schenken
und euch beiden zu vertrauen
entscheide dich
moment um moment
authentisch und ein original zu sein

38. GESCHENK

wenn du dich heute zart und zerbrechlich fühlst
dann schenke der welt eben
deine zartheit und zerbrechlichkeit

39. FREIHEIT

auf die kupplung zu drücken
bedeutet
einen moment lang
alle verbindungen zu lösen
um sie danach
auf die richtige weise
wieder einrasten zu lassen

40. ABLAUFDATUM

unsere seelen haben kein ablaufdatum

41. UNSICHERHEIT

unsicherheit ist lästig
peinlich
unerwünscht
aber auch raumgebend
und dem variantenreichtum zugeneigt
verhindert ab und an
dass das fallbeil der voreiligen entscheidung
mögliche chancen mitleidlos erschlägt

42. ATEM

dein atem schafft raum
zwischen dir und der welt
und vereint dich zugleich mit ihr

43. HIMMELSKRÄFTE

lass' etwas raum zwischen dir und der welt
damit die winde des himmels dort tanzen können

44. QUELLE

die quelle atmet uns
ein und aus
aus und ein
stets wieder aufs neue
schöpfen wir heilung
raum und freude
aus der ganzheit
während wir ihr
unsere erfahrungen widmen

45. TANZ

und wenn du tanzt
dich schüttelst und bebst
dass die welt ringsum dich ins wanken gerät
rüttelst du so manches
aus der verfestigung
und küsst es wach
sodass es selbst zu tanzen beginnt
und an leichtigkeit gewinnt

46. TANZEN

sich in musik
rhythmus und raum verwandeln
das hirn ins herz rutschen
und das gesamte empfinden
zu fliessender bewegung werden lassen
den licht- und schattenanteilen in dir
geschmeidiges
urteilsfreies zusammenwirken erlauben
und so die ewigkeit umarmen

47. VERWIRRUNG

wenn verwirrung dich umfängt
wird klarheit nicht weit sein
sie kann gar nicht anders
denn antipoden bedingen sich gegenseitig existenziell

48. STURHEIT

an brückenpfeilern
und den sie umgebenden wasserturbulenzen
kannst du unschwer erkennen
dass das stur stabile
durch seine standhaftigkeit
seine umgebung oft zu kreativen verwirbelungen nötigt
im fortwährenden spiel der dualität

49. DUALITÄT

kann licht sich im licht zeigen
kann das schwere sich im schweren erkennen
kann dynamik sich von dynamik unterscheiden
oder braucht licht dunkelheit
die schwere die leichtigkeit
die dynamik ruhe
um sich identifizieren zu können

50. HÄUTUNG

wenn du dich schutzlos und verletzlich fühlst
freue dich
denn dies ist ein hinweis darauf
dass du im begriff bist
aus alten häuten zu schlüpfen

51. GENAU RICHTIG

was wäre
wenn alles
was du bisher gedacht
gefühlt
getan hast
vollkommen richtig
ja geradezu genial
und eine echte bereicherung
für das ganze universum gewesen wäre
und du es bloss noch nicht bemerkt hast

52. TEAMWORK

das problem
die lösung
und du
ein unentbehrliches triangolo
welches dem leben
tiefe
bewegung und neue aspekte serviert

53. HÜLLE

wenn du die hülle wärst
vom nichts und alles
mutter all dessen
was ist
wie zärtlich würdest du alle erscheinungen betrachten

54. RUNEN LESEN

das leben hinterlässt spuren
runen
deren grazie wahrzunehmen
dem unvoreingenommenen betrachter vorbehalten ist
dem kind
dem narr
dem träumer
der künstlerin
vielleicht magst du zuweilen runenleserin sein
draussen im wald
oder in bahnhöfen
in gesichtern händen und wolken
geheimnisvolle zeichen sehen
die dir geschichten erzählen

55. FRAU HOLLE

gold und silber über dich
sonnenstrahlen
blüten
blätter
liebevolle blicke
oder was immer dir heute zufällt

56. NATURWESEN

vielleicht ist dir heute danach
undine zu sein
dich in nebeltröpfchen
und tauperlen zu wiegen
dich in sprudelnden bächen
und stillen seen zu finden
mit zellflüssigkeit zu glitzern
und dich dem fliessen zu verschreiben

57. KÖNIGIN

bist du auch königin
über 100 000 gräser
wolken
und atemzüge

58. GRASHALM

lege dich wie ein geschmeidiger grashalm
in den heutigen tag
seite an seite mit deinen möglichkeiten
und glänze im tau

59. WEGBEREITER

denke dir die welt durchsichtig und weit
schaue durch alle schichten der zeit
sende deinen wegbereitern einen dank
gib ihnen zurück
was ihres ist
und erbitte ihren segen
dass du dich frei und froh
um deine eigenen angelegenheiten kümmern kannst

60. KÖRPERSPRACHE

wie fühlt sich ein vollumfängliches JA
in deinem körper an
spiele mit verschiedenen fragen
und lausche auf die antworten deines körpers
wird er geschmeidiger
wärmer
prickelnder
und so zum kompass auf deinem lebensweg

61. WEGE

die fusssohlen an den boden schmiegen
mit den zehen schauen
wohin der weg führt

62. DSCHUNGELPRÜFUNG

fräse beherzt eine lichtschneise
in den dschungel deiner gewohnten selbstdefinition
und erlaube dir neue attribute

63. NICHTWISSENS

dem brachland des nichtwissens
können wunder entspriessen
weils dort weder zäune noch schilder gibt

64. STIMMT

das leben ist da
wo du bist

65. WER

wer sollte dich sein
wenn nicht du selbst

das abenteuer
dich zu sein
solltest du dir nicht vorenthalten

66. ERINNERUNG

vielleicht hast du es vergessen
in der hektik der zeit
und deinem bemühen
alles richtig zu machen
darum frage dich jetzt
wie würde sich dein gesicht anfühlen
wenn du vollkommen glücklich wärst
wie würdest du stehen
wenn du das universum
als deine heimat erkennen würdest
was würdest du zu dir sagen
wenn du dir freundin wärst

67. IMPROVISIEREN

dieses nicht-beharren auf vertrautem
gewohntem
dieses aus-den-schuhen-steigen und barfüssig
jazzig
mit dem tanzen
was sich jetzt gerade anbietet
sich mitreissen lassen
vom eigenen herzschlag
der melodie des momentes
und frisch-fröhlich den eigenen klang beisteuern
auch wenns mal schräg tönt

68. ROSINEN

traust du dich
hemmungslos
die rosinen aus dem kuchen zu picken
und dich an all dem wundersamen zu laben
das dir begegnet
könnte das
was andere als frech bezeichnen würden
dein anerkennen von glück und fülle
feinsinn
gewahrsein und wahlmöglichkeit sein

69. WISSENSCHAFTLICH

ergründen
erforschen
verstehen
begreifen
erkennen
benennen

aha
und dann
hält das leben und die entwicklung an

70. RUMKUGELN

so in sich selbst rumkullern
als kleine neugierige zärtliche lichtkugel
leuchtende bahnen ziehen
vom zeh zum ohrläppchen
vom mandelkern zur blase
kreuz und quer
den körper erforschen
und ihn freundlich grüssen

71. SINN UND SINNLICHKEIT

die wortverwandtschaft ist kein zufall
deine sinne sind antennen
für botschaften aller art
sie erschliessen dir die welt
verbinden dich mit deinen mitschöpfern
vergrössern deinen erlebnisschatz
nähren deinen emotionalen leib
lassen dich wach und aufmerksam sein
und verführen dich zu reaktionen und kreationen

72. BERECHTIGUNG

brauchst du ein diplom
um zu sprühen
zu leuchtenden
dein potenzial zu leben
oder darfst du dich einfach
der kraft deines herzens überlassen

73. RÜCKRUF

heute fragst du sämtliche körperteile
organe und zellen
gehört ihr noch zu mir
oder hat erlittener schrecken
scham oder missverständnis
euch von mir abgekoppelt
dann seid ihr jetzt herzlich eingeladen
wieder vollwertiger teil von mir zu sein
willkommen im team

74. KÖRPER-PARADIES

schwärme deinem körper
vom paradies vor
in welchem alle organe
zellen
substanzen und prozesse
in göttlicher harmonie
aufeinander abgestimmt sind
und ein umfassendes wohlgefühl erzeugen
er findet das bestimmt so toll
dass er gleich mittun will
beim paradieskörper-projekt

75. HO'OPONOPONO

du möchtest dich versöhnen
sprich
ich anerkenne
dass eine situation schmerzlich ist
ich anerkenne
dass mich dies bekümmert
ich anerkenne
dass jegliche schuld
aus dieser situation extrahiert wird
ich anerkenne
dass liebe der grundstoff des lebens ist
ich anerkenne
dass dankbarkeit
mich dies wahrnehmen lässt
und wandlung ermöglicht

76. GUT AUFGEHOBEN

endlichkeit hat gut platz
in der unendlichkeit

77. GESCHWISTERLICH

alles ist aus licht gewoben
auch wenn wir gewohnt sind
es zu unterteilen
in tausenderlei kategorien
bewegen wir uns stets unter geschwistern

78. HEILUNG

was du in dir heilst
vermag auch in anderen zu heilen
und umgekehrt
wir sind demnach alle heilerinnen

79. SELBSTHEILUNG

magst du
deinen grössten schreck
deinen schlimmsten schmerz
in deine arme nehmen
nah deinem herzen
solange
bis es tag wird
und du die wahrheit erkennst
dass der schmerz
der sturm
der schrecken
dich näher geleiten will zu dir
wenn du den sturm in dir erkennst
anerkennst und befriedest
können die stürme in der welt
ruhiger werden

80. EMOTIONS-MEDITATION

sonderbar und wundervoll
keinen anderen impuls zu haben
als nur zu fühlen
was ist
seltsam und ungewohnte
welche ruhe daraus entsteht

81. MANDELKERN-MEDITATION

deine amygdala in samt und seide hüllen
in wollflausch und zärtliche aufmerksamkeit
wie einen schmetterling
sachte in regenbogenfarben tauchen
und in die geborgenheit deiner zuwendung
damit die tore zur schöpferischen intelligenz
sich friedvoll auftun können

82. WERTSCHÄTZUNGS-MEDITATION

ein einfacher weg in die selbstanerkennung ist
dich selbst von aussen
und von rundherum
mit tausend augen wohlwollend anzuschauen
jeder blick der liebe
wird zum sonnenstrahl
der dich erwärmt
und dich gedeihen lässt

83. GLÜCKS-MEDITATION

setze je einen glückssamen in deine beiden füsse
und heisse sie wachsen
sieh' ihnen zu
wie sie innerlich deine beine hochkringeln
wie es eben wachsende pflänzchen so tun
deinen körper
mit ihren trieben und blättern ausfüllen
und dich dabei kitzeln
und zum lachen bringen
wie sie bis zu deiner schädeldecke hochstreben
und dort leuchtende blüten öffnen
ganz von selbst

84. STEIN-MEDITATION

steine
ehrwürdige geschichten-bewahrer
begnadete verteter des grossen
das sich zum kleineren hin bewegt
gewendet und geschliffen wird
vom atem der äonen
und doch stets anmutig bleibt
auch als sandkorn noch
das wissen des berges in sich trägt
und
wer weiss
den sternengesang des alls

85. KARTOFFEL-MEDITATION

du lässt dich einsinken
in die dunkle geborgenheit der erde
wirst kartoffelige knolle
in verwurzelter gemeinschaft
in der beschaulichkeit des zeit-habens
im summen aller kräfte
die das leben nähren

86. MEDITATION DER ZARTHEIT

filigranes
diese unaufdringlichen
zarten
manchmal zerbrechlichen dinge und begebenheiten
die keine macht im üblichen sinne
auszuüben vermögen
ausser eben der macht des bezauberns
indem sie uns auf einer ebene berühren
die unser inneres feenkind juben lässt

87. IMAGO-ZELLEN MEDITATION

suche dir nach belieben
eine deiner körperzellen aus
zoome sie nah an dich heran
und erfülle sie gänzlich
mit den schönsten
lebendigsten
leuchtendsten bildern
deiner glückseligen zukunft auf einem heilen planeten
inmitten
einander wohlgesinnten wesen
bade deine zelle in dieser wonne
solange ihr beide mögt
dann gebe sie zurück an ihren ursprungsort
und erlaube ihr
dieses erlebnis
ihren zellgeschwistern weiterzuerzählen
und weiter
und weiter

88. SCHAMANISCHE MAMA MEDITATION

ihre bunten röcke bauschen sich
wenn sie sich hinsetzt
inmitten der unbegrenztheit von zeit und raum
und dich auf ihren schoss nimmt
in ihre arme schliesst
die nach rosmarin duften
ihr herzschauen lässt dich als das wesen erscheinen
das mit himmel und erde spricht
magisch zärtlich schöpferisch heilend
im vollbesitz seines bewusstseins
und seiner gaben für die welt

89. DÄMMERUNG

zwischen tag und traum
wachsen die welt und du zusammen

90. TUSCH

trommelwirbel für deine dramen
sie sind so herrlich opulent
ohne sie aber bist du friedliches plankton
im urmeer des variantenreichtums

91. TAPEZIEREN

wieso nicht mal deine realität neu tapezieren
so ein oder zwei bunte
frische
verrückte
ungewohnte gedankenmodelle
oder verhaltensweisen
ins bewusstsein kleistern
und dich davon begeistern lassen

92. ÜBERBLICK

da wir vermutlich den überblick
über alle räume und ebenen noch nicht haben
uns insofern also
die freiheit des vermutens geschenkt wird
sollten wir fröhlich
und unvoreingenommen wie kinder
mit dem feld der möglichkeiten spielen

93. LANGEWEILE

du könntest so dasitzen
und warten
bis dir soooo langweilig wird
dass du das leben neu erfindest

94. FREUDE

diese leichtfüssige
freundliche
harmlose begleiterin
die uns frei und wohlwollend werden lässt
und nichts dafür fordert
ausser unser mitleuchten
mittanzen
mitlächeln
mitatmen
unser kindliches eintauchen ins staunen und geniessen

95. SCHATTEN

manchmal ist der schatten grösser
als das ding
das ihn verursacht

96. SPRIESSEN

spriessen demonstriert uns jeden frühling
dass lebenskraft nicht aufzuhalten ist
in ihrem drang
uns zu beschenken
und in ihrer klugheit
jedem pflänzchen die eigene formfindung zuzutrauen
erstaunlicherweise klappt das prima
immer wieder
wunderbar

97. GEFÜHLSSALAT

gefühlssalat darf sein
macht alles so schön bunt hier

98. ERFINDERIN

wenn es DAS bisher noch nicht gibt
erfinde es einfach

99. FREI

zwischen den erwartungen
in stillen lücken
findest du das schlupfloch
zum meer der unbegrenzten möglichkeiten

100. SPRACHKRAFT

keine automatisierten
standartisierten
genormten konservensätze mehr
wenn worte wirklich gedacht und empfunden werden
kann sprache nahrung sein
kann sie orte der kreativität und magie erschaffen

101. SCHÖPFERISCH SEIN

begriffe
worte
sätze
sind geistige organismen
die du erschaffst
und ihnen leben einhauchst

102. SEGEN

sich niederlassen in sich selbst
die arme liebevoll um den eigenen körper legen
wärme spüren und ganzheit
dieses innerliche fliessen und strömen
sich selbst segnen aus tiefstem herzen
und ein danke in den atem betten

103. GRENZENLOS

der sinn des lebens lässt sich weder begrenzen
noch definieren
er fliesst hinter dir und vor dir
in dir erst recht
er umarmt himmel und erde
das sicht- und das unsichtbare

104. DYNAMIK

verwirrung
willkommen
du bist die dynamische offenheit
zwischen mehreren möglichkeiten

105. WÜNSCHE

dein tausendwünschebaum
ist farbenfroh und prächtig
zwischen himmel und erde
flattern die noch ungeborenen universen
und singen ein wort
LEBEN

106. DIALOG

wenn du mit dem universum sprichst
dann lass' nichts aus
sprich mit dem weiten und dem nahen
dem hellen und dem dunklen
dem lauten und dem leisen
dem ungestümen und dem sanften
denn jedes fädchen und fitzelchen
ist teil des ganzen
wie du

107. ÜBERMÜTIG

erlaube dir
ein bunter vogel zu sein
die eigene melodie zu pfeifen
anstatt herkömmliches nachzusingen
dich übermütig in die himmel hineinzuwerfen
deren höhen und tiefen zu erkunden
den eigenen verrücktheiten raum zu geben
und die welt mit deinen herzensfarben zu beschenken

108. ENTFALTUNG

jedes wesen ist ein möglichkeitsraum
der dabei ist
sich selbst zu entdecken

109. UNIVERSUMS-SCHMUCK

wenn lebenskreise sich vollenden
und schliessen
werden sie teil der unendlichen kette
die das universum schmückt

HAB DANK FÜR DEIN HIER-SEIN
UND SEI VON HERZEN GEGRÜSST

NOA